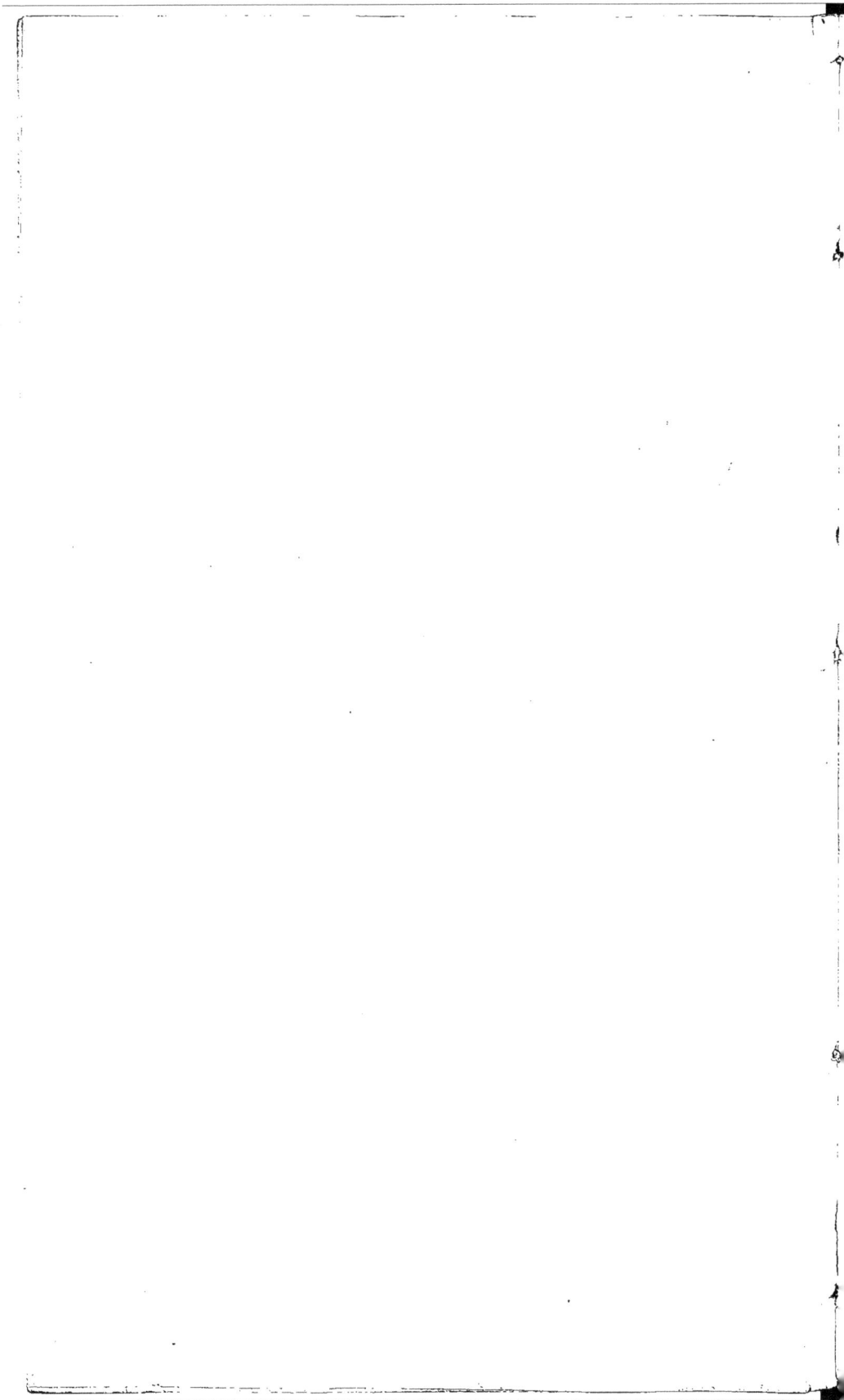

CATHÉDRALE D'ARRAS.

CHAPELLE DE LA VIERGE.

PEINTURES DE LA COUPOLE.

CATHÉDRALE D'ARRAS.

Chapelle de la Vierge.

PEINTURES DE LA COUPOLE,

PAR M. Charles DAVERDOING.

En rendant compte, aujourd'hui seulement, des peintures de M. Charles Daverdoing, nous n'avons pas à
nous accuser ni même à regretter d'avoir tardé si long-
temps à communiquer à nos lecteurs l'impression qu'elles ont faite sur nous, et l'opinion que nous en avons
conçue, par le motif qu'en les jugeant plus tôt, nous les
aurions jugées prématurément. Personne ne nous con-
testera qu'il nous eût été aussi facile qu'à d'autres, il y
a six mois, de dire en quelques lignes, assaisonnées de
réflexions plus ou moins vulgaires sur l'art, que cette
immense production a le mérite d'unir à une composition savante un dessin pur, une couleur brillante, une
unité harmonieuse. Notre dette eût été ainsi payée en
monnaie d'aussi bon aloi que celle de certains critiques
qui n'ont vu dans le travail de notre concitoyen qu'une
nouveauté à annoncer, qu'un fait local à exploiter au

1850

pas de course, et dont l'éphémère rapidité n'a pas plus
contenté le public que l'artiste lui-même. Ce procédé
ne pouvait convenir ni à notre sentiment ni à notre de-
voir. Une œuvre sérieuse, longuement méditée, plus
longuement exécutée, réclame et mérite un examen ré-
fléchi et une étude consciencieuse, surtout aujourd'hui
que la France se place à la tête des nations pour une autre renaissance, et porte dans ses arts une foi aussi nou-
velle et aussi fervente que dans les autres sources de s a
civilisation.

Moins qu'à personne donc, il ne pouvait nous suffire
que depuis six mois le pinceau de M. Daverdoing eût
cessé de se promener dans le Ciel de sa coupole et de le
peupler de tout un monde mystique. Pour nous, il man-
quait, nous n'osons dire au cadre, mais à l'entourage du
tableau, un accessoire principal, essentiel même, qui
devait donner aux peintures leur *dernier effet*, comme
les tons chauds de la jeunesse apportent à la beauté le
dernier trait de sa perfection. Cet accessoire, c'était le
vitrail de couleur qui allait se substituer au vitrail blanc
du centre de la coupole, illuminer de rayons plus ani-
més ces scènes déjà si riches de vifs reflets, en un mot,
c'était un autre jour, une autre lumière que les peintures allaient recevoir, c'était sous un aspect nouveau,
sous un prestige imprévu qu'elles allaient nous apparaî-
tre; cela valait la peine d'attendre et de préférer le
définitif au transitoire.

On nous assure même que nous ne sommes pas encore
arrivés à ce définitif, et que dans un avenir probable,
ce vitrail coloré doit disparaître à son tour, pour faire
place à nous ne savons quelle construction qui, lors de
l'achèvement de la tour, consisterait, nous dit-on, à
supprimer le vitrail et à laisser le centre de la coupole
vide ; le regard du spectateur s'élèverait plus haut, il
traverserait un lanterneau qui aurait lui-même une coupole ornée d'une autre peinture destinée à compléter
la peinture actuelle. La lumière arriverait sur les deux
tableaux par des baies latérales que la construction fu-
ture ménagerait au-dessus des baies qui éclairent
maintenant la chapelle, et qui donneraient au lanterneau
une partie de la transparence que possède aujourd'hui
le vitrail coloré. Cette transparence serait-elle deman-
dée à des verres blancs ou à des verres de couleur
qui modifieraient ou conserveraient l'effet d'ensemble
qui nous frappe actuellement? C'est ce que nous igno-
rons. Si tous ces projets se réalisent, nous craignons

bien qu'ils ne soient une école de résultats imprévus et
de prévisions trompées, et ne fassent qu'augmenter la
somme de regrets qu'inspire déjà la construction actuelle de la coupole. En attendant toutes ces éventualités
plus ou moins bien réfléchies, considérons, dans l'intérêt
seul de M. Charles Daverdoing, l'état présent de la coupole comme définitif, et abordons enfin notre mission
de critique.

Nous entrons dans la chapelle; que nos lecteurs veuil-
lent bien nous y suivre en pensée.

Ce qui frappe d'abord nos regards et les éblouit,
c'est une ornementation d'architecture d'une richesse
et d'un luxe sans exemple. L'or et ses mille formes, le
marbre et ses mille nuances s'y combinent, s'y marient
avec une dextérité, une souplesse dignes des plus beaux
palais de l'antique reine d'Alexandrie. Ce style somp-
tueux, grec par ses lignes, égyptien par ses couleurs,
gothique par ses effets de lumière, forme avec la ma-
jestueuse simplicité de l'édifice principal, un contraste
qu'on ne peut expliquer que par une fantaisie peu sou-
cieuse des règles de l'art.

Nous signalons ce premier trait, non pas seulement
parce qu'il nuit à l'unité de tout le monument; mais
parce qu'il a dû exercer une fâcheuse influence sur l'esprit de l'artiste qui n'a plus été libre du choix de son
sujet, en ce sens que sous l'action de tant de richesses
matérielles, il fallait que son œuvre, comme objet principal, surpassât en relief et en éclat, tout ce qui devait
l'entourer. Nous nous expliquerons plus nettement sur
ce point lorsque nous aurons achevé de décrire à nos
lecteurs le milieu dans lequel ils se trouvent avec nous.

L'entablement qui porte la coupole s'élève à plus de
vingt mètres au-dessus du sanctuaire qui lui-même est
surélevé de plus de deux mètres au-dessus du sol de
l'église. C'est une fâcheuse disposition pour l'esprit de
réserve que le catholicisme commande à l'âme chrétienne.
Dans toutes les grandes cathédrales, les fidèles arrivent
de plein pied à la chapelle de la Vierge, qui n'a d'ordi-
naire qu'une surélévation d'une ou de deux marches au
plus, tandis qu'ici il faut monter six marches et franchir
un couloir assez long, garni de deux balustrades; que
d'obstacles !

Continuons de décrire.

La circonférence de l'entablement est de trente-trois
mètres, celle du vitrail est de douze mètres; le rayon
qui mesure la hauteur du cintre est de près de sept mè-

tres, de sorte que la surface entière de la coupole est de cent quarante mètres carrés, non compris les dix-huit mètres carrés du vitrail. C'est sur ce vaste champ que vivent et que respirent plus de cinquante personnaget que le spectateur aperçoit successivement, en tournant sur lui-même, comme au centre d'un panorama, et dons les principaux n'ont pas moins, selon les exigences de la perspective, de quatre à cinq mètres de hauteur.

Disons de suite que cette construction de la coupole est vicieuse, en ce sens qu'étant d'une sphéricité trop exacte, le cadre du vitrail projète son ombre sur le tiers supérieur des peintures et prive de lumière la partie du tableau qui en réclame le plus. On aurait prévenu ce défaut en donnant à la voute une forme un peu ovoïde. La lumière, aussitôt entrée dans la coupole, en aurait éclairé de suite toutes les parties également. Ce mal est maintenant sans remède. Nous avons cependant découvert un point de vue où le mauvais effet s'en affaiblit beaucoup ; c'est à la balustrade qui sépare l'entrée de la chapelle du pourtour de l'abside : là, par une réaction de lumière que nous ne pouvons expliquer, le tableau s'éclaire d'une manière plus égale ; mais aussi n'en voit-on qu'une faible partie, le fond seulement, la Vierge et les deux archanges.

Arrivons maintenant aux peintures.

Quelle est la situation que M. Charles Daverdoing a choisie pour nous représenter la mère du Christ ? Est-ce sa vie terrestre dans les diverses scènes de son dévouement maternel depuis la naissance jusqu'à la mort de son fils ? Non, c'est son apothéose ; c'est même quelque chose de plus, car ce que nous voyons sous notre coupole n'est pas ce que nous ont déjà montré plusieurs grands maîtres : la Vierge transportée au ciel sur les aîles des Anges pour entrer en possession de son bonheur céleste ; c'est ce bonheur même *réalisé*, c'est cette béatitude *acquise*, que le protestantisme ne fait qu'énoncer sans s'occuper de la définir ; que le catholicisme, plus enthousiaste, plus ascétique, n'explique qu'aux âmes tendres et crédules pour n'avoir pas à répondre de la lucidité de ses leçons, et que l'école d'Alexandrie, si elle eût pu survivre aux coups du vrai christianisme du IVᵉ siècle, et arriver jusqu'à nous avec son symbolisme souvent ténébreux, eût appelé une quatrième hypostase, pour exprimer le rapport divin de la Vierge avec les hypostases supérieures de la Trinité. En un mot, c'est Marie au ciel, se contemplant dans son être immuable,

dans sa puissance intime et virtuelle, et se suffisant plei-
nement à elle-même, dans ses ineffables rapports avec
Dieu.

Comme on le voit, la composition de M. Charles Daverdoing est toute mystique ; l'artiste ne peut nous con-
tester ce mot. Le mysticisme, que Pascal voulait com-
battre par le scepticisme, sans songer que c'était oppo-
ser une maladie de l'esprit humain à une autre maladie,
consiste, en effet, à conduire l'âme chrétienne jusqu'à
Dieu, non par les voies régulières de la raison, qui cependant est capable d'assez sublimes efforts pour y arriver par le seul usage de ses propres facultés ; mais par
le sentiment, par l'extase, par l'abus de la foi, par la
profanation du besoin de Dieu, enfin par tous les élans
aventureux du cœur, qui s'égarent dans les espaces infi-
nis que leur ouvre une imagination sans guide, et rêvent
une communication directe et sensuelle avec la puissance
divine, quand il est manifeste que cette puissance, éter-
nellement soigneuse du secret de son essence et de son
action, n'a voulu que se laisser deviner à l'esprit humain
par la seule harmonie de ses œuvres et la force des in-
ductions logiques.

Du reste, la tâche de M. Charles Daverdoing n'y a rien
perdu ; seulement, il faut s'entendre sur son succès.
Notre examen n'a pas d'autre but.

Un thème de convention, quel qu'il soit, en toute ma-
tière, et surtout en fait de beaux-arts, n'est qu'un foyer
de difficultés, toujours plus rempli d'écueils que d'avantages. C'est beaucoup que de savoir y balancer le mal
par le bien. Sitôt que l'artiste se place en dehors de la
nature, il ne peut plus compter sur l'idéal du sentiment,
seul principe de toute œuvre d'art. Son inspiration poé-
tise aisément le monde sensible, mais dès qu'il l'aban-
donne, il ne peut plus donner à la nature qu'il imagine
qu'une forme relative à celle qu'il dédaigne, sans quoi
l'âme vulgaire ne pourrait y retrouver ses accents inti-
mes. C'est là le danger de toute œuvre de convention.
La preuve en est dans le mysticisme lui-même, qui a la
prétention, en toutes choses, de s'idéaliser outre mesure,
et qui cependant prend trop souvent ses images dans
l'incarnation la plus infime.

Mais alors, pourquoi, dira-t-on, accepter des sujets
de convention ? Quelle fatalité poussait M. Charles Daverdoing dans cette voie ingrate et épineuse ?

Eh ! mais, nous l'avons dit, c'était la fatalité du milieu
imposé ; c'était cette trop riche ornementation de la

chapelle, qui soumettait le peintre au décorateur, quand au contraire il aurait dû lui dicter ses lois ; c'était cette somptuosité peu chrétienne, et même anti-chrétienne, cette puissance matérielle du siècle que l'artiste avait à dominer, à éclipser, à terrasser. Dès lors, il devait demander à son inspiration, pour le fond et pour la forme, quelque chose qui divinisât le feu dont il fait sa vie habituelle, sans cependant abaisser ni compromettre le sentiment de son idéal. Le problème pour lui était là. Croyez-vous qu'il l'eût résolu, en prenant la mère du Christ dans sa vie de famille et dans ses affections humaines? Quel effet eût-il obtenu, par le contraste de ces colonnes somptueuses, parées en grandes dames, de ces chapiteaux aux feuilles rivales des rayons du soleil, avec l'obscur réduit d'une étable, avec l'humble atelier d'un charpentier, avec la végétation aride d'un sentier d'Egypte ? Pouvait-il s'inspirer de Raphaël et de Rembrandt, alors qu'il n'était pas maître de son foyer ni de sa lumière ; alors que, envahi de tout côté par le jour, il ne pouvait plus rien demander au mystère du clair-obscur, ni faire ce qu'on appelle de la belle humanité ? Il a donc fallu qu'il oubliât Rembrandt et ses méditations révélatrices, qu'il ne se souvînt que des Byzantins et de Raphaël, demandant aux uns leur éclat, à l'autre son dessin et sa grâce, et s'élevant, avec ce butin composite, à la région du mysticisme, la seule où le décorateur lui permît de vivre et de combiner les convenances artistiques avec les convenances religieuses.

Ici, nous touchons à la partie la plus vive de notre appréciation.

Dès que la critique est forcée de reconnaître l'influence néfaste que le champ de travail imposé à l'artiste a dû exercer sur son esprit ; dès qu'elle ne peut nier l'incompatibilité que le luxe irréligieux de la chapelle offrait avec les modestes reflets de la vie du foyer, avec les mœurs et les vertus de la famille biblique ; dès qu'elle comprend, enfin, qu'il y avait pour le peintre obligation rigoureuse de renoncer aux traditions de la légende chrétienne, et de recourir au surnaturel, suivons le dans cette sphère, voyons de quel idéal il va s'y inspirer, et jugeons-le avec la sévérité que commande le sentiment du vrai.

Eh bien! nous devons l'avouer, l'avantage est pour lui. Dans l'attitude de la Vierge, il n'y a rien pour le surnaturel ; elle touche, elle brille, elle rayonne, mais d'une pure lumière morale ; c'est à la seule grâce de sa pose, à la seule pureté de ses lignes que nous devons la révélation de sa béatitude, ou pour mieux dire, de son hypostase, puisque nos lecteurs connaissent maintenant la signification mystique de ce mot. Toutes les difficultés du sujet de convention ont disparu en grande partie, les avantages y sont tous restés, et nous n'avons à déplorer ni la dégradation du sentiment religieux, comme pudeur évangélique, ni la dégradation du sentiment de l'idéal comme unique source de l'art. N'est-ce donc rien que cela ?

Que serait-il advenu si M. Charles Daverdoing, acceptant le mysticisme sans aucune réserve, dépourvu de tact et de goût, comme le catholicisme l'a créé, avait consenti à oublier la voix de l'évangile, et à se jeter dans le dédale de la divagation, pour nous représenter Marie remplissant au ciel la mission quotidienne que la crédulité et l'ignorance lui donnent auprès du Créateur? Voyez-vous la Vierge au centre d'une Cour hiérarchique, prêtant l'oreille aux soupirs de la terre, se laissant toucher par les voix suppliantes qui s'élèvent du pied des madones françaises, italiennes et espagnoles, sans exclure celles des autres parties du monde ; donnant des ordres à des milliers de messagers pour transmettre jusqu'à l'Etre Suprême ces myriades de contritions superstitieuses ; appliquant ainsi son influence auprès de la justice divine, pour obtenir miséricorde en faveur des doux et bénins péchés de toutes les paroisses? Voyez-vous ce tableau avec les formes mystiques du moyen âge ?

Mais, dévoué aux hautes convenances religieuses, et les sentant protégées au fond de son inspiration, M. Charles Daverdoing ne s'est occupé que de sauver avec elles les convenances artistiques. C'est de cette noble idée qu'est sorti tout l'ensemble de son tableau. Il a accepté le mysticisme, non comme raison philosophique d'école, mais seulement comme moyen de solution d'un problème local. Ce qui le prouve clairement, c'est son résultat, c'est l'effet qu'il a obtenu. L'évidence est ici pour lui.

Il faut considérer, de plus, qu'avec les épisodes de la vie de la Vierge, M. Charles Daverdoing n'eût obtenu évidemment que des scènes isolées, sans aucun effet d'ensemble ; il eût garni sa coupole d'autant de tableaux séparés que la voûte eût pu en contenir; mais l'unité lui eût manqué pour le tout; tandis qu'avec son hypostase mystique il sauve sa composition d'un double défaut radical, il annihile un voisinage funeste, et trouve la source d'une immense unité qui remédie à tous les inconvénients. La chapelle, avec son luxe embarrassant, n'est plus qu'un piédestal, trop brillant sans doute, mais sur lequel viendra se poser une statue plus brillante, et l'ordre naturel ne sera pas renversé. En outre, sa composition pourra être harmonique, tous les détails élémentaires viendront concourir à l'unité de l'effet. Ainsi, cette unité ne sera pas seulement pour lui un beau résultat, elle sera pour nous le signe d'un talent mûr, qui a fini son ère dogmatique, qui touche à l'ère philosophique, c'est-à-dire, à l'époque où la synthèse, amenée par la raison éclairée et réfléchie, peut s'élever aux plus grandes conceptions.

Sous l'influence de ces réflexions, reportons nos regards une dernière fois sur la coupole. N'est-il pas vrai que le rayonnement tout moral que nous signalions, il n'y a qu'un instant, dans l'attitude de la Vierge, brille aussi dans toutes les figures qui l'entourent de près et de loin? Partout c'est la même révélation de béatitude obtenue par les mêmes moyens: grâce de pose, pureté de lignes et suavité d'expression. Les prophètes nous montrent un calme majestueux; jadis, ils annonçaient l'avenir avec exaltation, aujourd'hui, ils semblent constater l'infaillibilité de leur science chrétienne autant que son immuabilité; les évangélistes sont dans l'attitude d'historiens qui se confirment à eux-mêmes, par l'évidence des événemens, la véracité de leurs récits; les groupes d'anges voltigent en chœur, autour de leur reine, avec la souplesse et la mobilité des plus légers nuages, sans perdre l'expression du sentiment qui dicte leur hommage; enfin le concert des Séraphins, en face de la Vierge, nous fait rêver aux mélodies enivrantes et intarissables de Mozart, de Beethoven et de Bellini. Cette variété infinie de rapports, d'affections, de sympathies, d'amours, convergeant vers le même foyer, vers la même pensée, vers la même puissance, forme une scène unique, qui remplit l'immensité des cieux. Tout cela est sans drame, il est vrai; ce n'est que du mysticisme, mais c'est du mysticisme ennobli par le sentiment du beau, qui ne laisse jamais prescrire le besoin d'indiquer sa source, et qui sait toujours éveiller dans l'âme un immense désir de l'infini.

Voilà le compte exact de nos impressions et de nos réflexions devant les nouvelles peintures de M. Charles Daverdoing. Nous ne craignons pas qu'il nous reproche la plus légère passion, si ce n'est celle de l'impartialité ; mais voici le moment des restrictions. Quelqu'élévation de pensée, quelque science d'exécution que nous ayons eu le bonheur de trouver dans sa coupole, nous lui dirons avec franchise, que c'est assez pour lui d'œuvres mystiques, et qu'il est temps qu'il revienne à la nature et à l'humanité. Le mysticisme a été l'enfance de l'art, il n'en peut être le développement. Les arts, comme tous les autres moyens de civilisation, ne remontent pas à leur source. Le sentiment mystique ne peut être, comme inspiration, qu'un accident rare, il ne peut conduire son principe à son but, donc il ne peut être une école. D'ailleurs, il prend sa source dans le dogme catholique, aveugle héritier, non de la morale du Christ, mais de toutes les superstitions qui l'ont précédé, et qui, comme elles, frappe d'inertie l'esprit humain, qui, comme elles encore, nie la liberté et le progrès de l'homme et des sociétés ; qui, en un mot, est la négation de tout mouvement et de toute perfectibilité ; il ne peut donc être la source d'aucn idéal. L'art ne vit que par l'idée ; il commence à mourir quand l'idée lui manque, et le mysticisme est sans idée.

Nous avons parlé de l'école d'Alexandrie, revenons y pour un mot. Elle était éclectique en philosophie, c'est-à-dire, qu'elle reposait sur une idée fausse. C'est pour cela qu'elle est tombée.

Le mysticisme repose aussi sur une idée fausse, et même sur un sentiment faux, il faut donc qu'il tombe. C'est temps perdu que de vouloir l'arrêter dans sa chûte.

Que M. Charles Daverdoing revienne donc bientôt à cette bonne et belle nature qui fait seule les grands artistes ; elle est le seul livre où Dieu a caché les secrets qu'il leur donne à découvrir. Dans cette voie, la seule naturelle et vraie, nous ne doutons pas que M. Charles Daverdoing ne nous fasse retrouver ses idées nettes, ses attitudes aisées, son sentiment naïf et profond, son style simple et son expression noble. Avec ces qualités, nous aurons la mesure de sa sensibilité et de son esprit ; il sera lui-même, et nous l'en féliciterons d'autant plus qu'il aura eu le courage d'abandonner une route sans avenir.

A. P

ARRAS : Imp. de Mme Ve J. DEGEORGE.

122

www.ingramcontent.com/pod-product-compliance
Lightning Source LLC
Chambersburg PA
CBHW061813040426
42447CB00011B/2635